lingvito

MW01503814

MY FIRST
POLISH BOOK

POLISH-ENGLISH BOOK
FOR BILINGUAL CHILDREN

 www.lingvitokids.com

Polski

aligator
[alee**ga**tor] • alligator

ząb
[zahnb] • tooth

balon
[**ba**lon] • balloon

emu
[**e**mu] • emu

bęben
[**be**ben] • drum

foka
[**fo**ka] • seal

jeż
[yezh] • hedgehog

klucz
[klooch] • key

lody
[**lo**dy] • ice cream

dłoń
[dlon] • hand

okulary
[o**ku**lary] • glasses

stół
[stol] • table

ślimak
[**shlee**mak] • snail

tygrys
[**tyg**rys] • tiger

ucho
[**u**cho] • ear

źrebak
[**zhre**bak] • colt

żółw
[zolv] • turtle

alfabet

cukierek
[tsu**kye**rek] · candy

ćma
[chma] · moth

dom
[dom] · house

grzyb
[grzib] · mushroom

hulajnoga
[hu**laj**noga] · kick scooter

indyk
[**in**dyk] · turkey

łódź
[lodz] · boat

mleko
[**mle**ko] · milk

nożyczki
[no**zych**ki] · scissors

ptak
[ptak] · bird

rękawiczki
[rekah**veech**kee] · gloves

sowa
[**so**va] · owl

walizka
[va**leez**ka] · suitcase

buty
[**boo**ti] · shoes

zegar
[**ze**gar] · clock

Symbole Polski

Polska flaga
*[**pol**ska **fla**ga]* · *Polish flag*

średniowieczne zamki
*[shrednyo**vyech**ne **zam**kee]* · *medieval castles*

Herb Polski
*[herb **pol**ski]* · *Coat of arms of Poland*

krakowiak
*[**kra**kowiak]* · *Polish folk dance*

turnieje rycerskie
*[**toor**nyeyeh **ry**tsehrskye]*
knightly tournaments

Symbols of Poland

jabłko
*[**ya**blko] · apple*

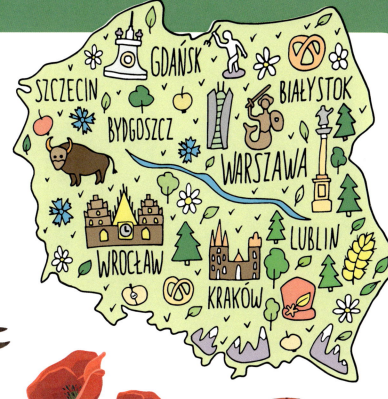

żubr
[zhoobr] · bison

garncarstwo
*[**gar**ncarstvo] · pottery*

czerwony mak
*[**tsher**voni mak]*
red poppy

kiełbasa
*[**kiel**basa] · Polish sausage*

Dzikie zwierzęta

[**dzik**ie zwie**rzen**ta]

żyrafa
[*zhy**ra**fa*] · *giraffe*

słoń
[*slon*] · *elephant*

małpa
[***maw**pa*] · *monkey*

lew
[*lew*] · *lion*

tygrys
[***tyg**rys*] · *tiger*

hipopotam
[*hipo**po**tam*] · *hippo*

Wild animals

niedźwiedź
[**nie**dzhwiedzh] · bear

sowa
[**so**wa] · owl

jeleń
[**ye**len] · deer

lis
[lis] · fox

jeż
[yezh] · hedgehog

wilk
[wilk] · wolf

wiewiórka
[wie**wiu**rka] · squirrel

krokodyl
[kro**ko**dyl] · crocodile

Zwierzęta domowe

[zwie**zhe**nta do**mo**we]

kogut
[**ko**gut] · rooster

kura
[**ku**ra] · hen

owca
[**o**wca] · sheep

koza
[**ko**za] · goat

królik
[**k**ru**lik] · rabbit

pszczoła
[psh**chol**a] · bee

indyk
[**in**dyk] · turkey

krowa
[**kro**wa] · cow

Domestic animals

kot
[kot] · cat

gęś
[gensh] · goose

koń
[kon] · horse

pies
[pies] · dog

kaczka
[*kach*ka] · duck

mysz
[mysh] · mouse

osioł
[*o*siol] · donkey

świnia
[*shwinia*] · pig

Owoce

Fruits
[owoce]

jabłko
[*ya*blko] · *apple*

banan
[*ba*nan] · *banana*

morela
[*more*la] · *apricot*

ananas
[*ana*nas] · *pineapple*

śliwka
[*shli*wka] · *plum*

gruszka
[*gru*shka] · *pear*

pomarańcza
[*poma*rancha] · *orange*

cytryna
[*cytry*na] · *lemon*

Jagody | Berries [ya**go**dy]

truskawka
[tru**ska**wka] · *strawberry*

arbuz
[**a**rbuz] · *watermelon*

winogrono
[winog**ro**no] · *grape*

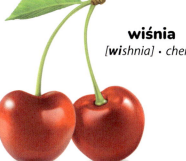

wiśnia
[**wi**shnia] · *cherry*

jagoda
[ya**go**da] · *blueberry*

malina
[*malina*] · *raspberry*

kiwi
[**ki**wi] · *kiwi*

granat
[**gra**nat] · *pomegranate*

Warzywa [wa**zhy**wa]

seler
[**se**ler] · celery

cebula
[ce**bu**la] · onion

kukurydza
[kuku**ry**dza] · corn

kapusta
[ka**pu**sta] · cabbage

dynia
[**dy**nia] · pumpkin

bakłażan
[bak**laz**han] · eggplant

marchew
[**ma**rhew] · carrot

Vegetables

brokuł
[**bro**kul] · broccoli

czosnek
[**cho**snek] · garlic

pomidor
[po**mi**dor] · tomato

burak
[**bu**rak] · beet

ogórek
[o**gu**rek] · cucumber

ziemniak
[**zhie**mniak] · potato

papryka
[pa**pry**ka] · bell pepper

kalafior
[kala**fi**or] · cauliflower

Jedzenie

[jedzenie] • **Food**

pierogi
[pyerogi] • Polish dumplings

bigos
[bigos] • hunter's stew

gołąbki
[golonbki] • stuffed cabbage

spaghetti i klopsiki
[spaghetti i klopsiki]
spaghetti and meatballs

jajka sadzone
[jajka sadzone] • sunny-side up
eggs

zupa
[zupa] • soup

pizza
[pizza] • pizza

kanapka
[kanapka] • sandwich

sałatka
[salatka] • salad

Desery i napoje

mleko
[**mle**ko] · milk

sok
[sok] · juice

woda
[**vo**da] · water

lody
[**lo**dy] · ice cream

ciastko
[**cia**stko] · cookie

muffin
[**mu**ffin] · muffin

tort
[**to**rt] · cake

ciasto
[**cia**sto] · pie

naleśniki
[na**lesh**niki] · pancakes

Liczby [lichby]

jeden
[*ye*den] · one

dwa
[dwa] · two

trzy
[tshy] · three

cztery
[ch*te*ry] · four

pięć
[*pie*nch] · five

Numbers

sześć
[*she*shch] · six

siedem
[*shie*dem] · seven

osiem
[*o*shiem] · eight

dziewięć
[*dzie*wiench] · nine

dziesięć
[*dzie*siench] · ten

Kolory | [kolory]

czerwony
[cherwony] · red

żółty
[zhuwty] · yellow

niebieski
[niebieski] · blue

zielony
[zhielony] · green

różowy
[ruzhowy] · pink

fioletowy
[fioletowy] · purple

Colors

brązowy
*[bron**zo**wy] • brown*

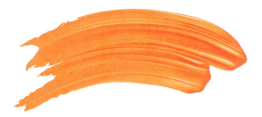

pomarańcza
*[pomaran**cho**wy] • orange*

czarny
*[**cha**rny] • black*

biały
*[**bia**ly] • white*

złoty
*[**zlo**ty] • golden*

srebrny
*[**sre**brny] • silver*

Kształty

koło

[koło] · circle

kwadrat

[kwadrat] · square

trójkąt

[trujkont] · triangle

prostokąt

[prostokont] · rectangle

romb

[romb] · rhombus

serce

[serce] · heart

Kierunki

w górę
*[w **gu**re] · up*

w dół
*[w **du**l] · down*

do środka
*[do sh**ro**dka] · inside*

prawo
*[**pra**wo] · right*

lewo
*[**le**wo] · left*

na zewnątrz
*[na **ze**wnontzh] · outside*

21

Pory roku

wiosna
[***wio***sna] · spring

lato
[***la***to] · summer

jesień
[***ye***sien] · autumn

zima
[***zhi***ma] · winter

Pogoda

gorąco
[goronco] · hot

zimno
[zhimno] · cold

tęcza
[tencza] · rainbow

deszcz
[deshch] · rain

pochmurno
[pohmurno] · cloudy

burza
[buzha] · storm

Dni tygodnia

poniedziałek
[poniedz**hia**lek] · *Monday*

wtorek
[**wto**rek] · *Tuesday*

środa
[**shro**da] · *Wednesday*

czwartek
[ch**wa**rtek] · *Thursday*

piątek
[**pio**ntek] · *Friday*

sobota
[so**bo**ta] · *Saturday*

niedziela
[nie**dzie**la] · *Sunday*

Miesiące

Months

styczeń
*[**sty**chen] · January*

luty
*[**lu**ty] · February*

marzec
*[**ma**zhec] · March*

kwiecień
*[**kwie**cien] · April*

maj
*[**ma**y] · May*

czerwiec
*[**che**rwiec] · June*

lipiec
*[**li**piec] · July*

sierpień
*[**sie**rpień] · August*

wrzesień
*[vr**zhe**syen] · September*

październik
*[pazhdzh**ie**rnik] · October*

listopad
*[**listo**pad] · November*

grudzień
*[**gru**dzhien] · December*

Odzież | [**o**dzhiezh]

koszulka
[kosh**u**lka] · t-shirt

spodenki
[spo**de**nki] · shorts

sukienka
[su**kie**nka] · dress

okulary przeciwsłoneczne
[soku**la**ry pzheciwslo**ne**czne]
sunglasses

spodnie
[spodnie] · pants

adidasy
[adi**da**sy] · sneakers

kapelusz
[ka**pe**lush] · hat

Clothes

sweter
*[**swe**ter] · sweater*

spódnica
*[spud**ni**ca] · skirt*

torba
*[**to**rba] · bag*

płaszcz
*[**pla**shch] · coat*

buty
*[**bu**ty] · boots*

parasol
*[para**sol**] · umbrella*

skarpety
*[skar**pe**ty] · socks*

Mój dom [muj dom]

kuchnia [kuhnia] · kitchen

talerz
[talezh] · plate

kubek
[kubek] · cup

łyżka
[lyzhka] · spoon

widelec
[widelec] · fork

czajnik
[chaynik] · kettle

garnek
[garnek] · stock pot

pokój dziecięcy [pokuj dzieciency] · kids room

łóżeczko
[lozhechko] · crib

klocki
[klocki] · blocks

lalka
[lalka] · doll

piramidka
[piramidka] · stacking rings

My house

łazienka [lazhienka] · bathroom

wanna
[**wa**nna] · bathtub

szczoteczka do zębów
[shcho**te**chka do **zeu**buw]
toothbrush

ręcznik
[**ren**chnik] · towel

umywalka
[umy**wa**lka] · sink

salon [**sa**lon] · living room

kanapa
[ka**na**pa] · couch

fotel
[**fo**tel] · armchair

lampa
[**la**mpa] · lamp

telewizor
[tele**wi**zor] · TV

Twarz

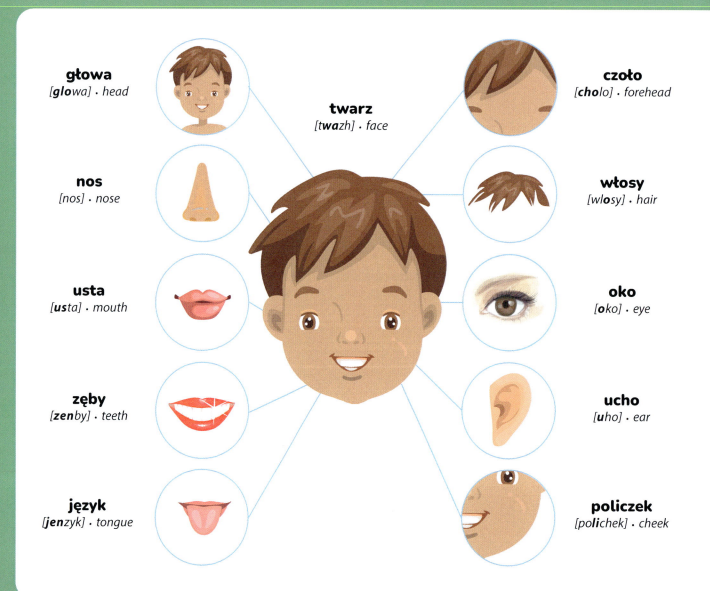

głowa
[*glo*wa] · head

nos
[nos] · nose

usta
[*us*ta] · mouth

zęby
[*zen*by] · teeth

język
[*jen*zyk] · tongue

twarz
[*twa*zh] · face

czoło
[*cho*lo] · forehead

włosy
[*wlo*sy] · hair

oko
[*o*ko] · eye

ucho
[*u*ho] · ear

policzek
[*poli*chek] · cheek

Ciało

Body

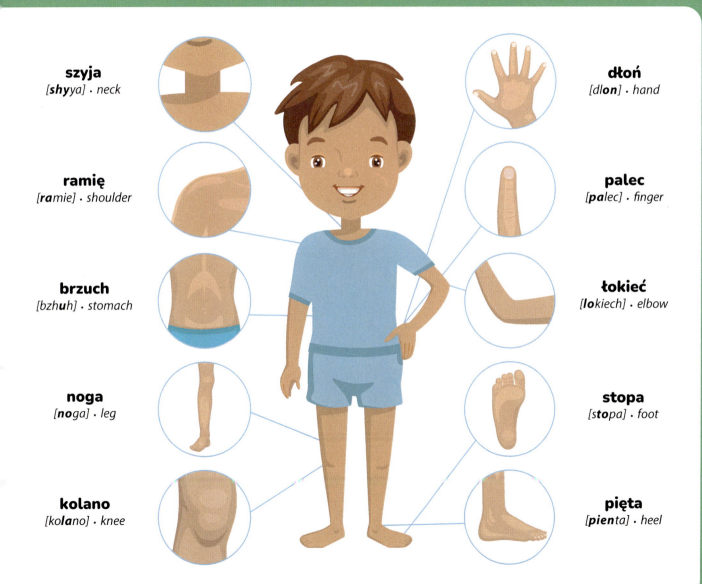

szyja
[*shy*ya] · neck

ramię
[*ra*mie] · shoulder

brzuch
[bz*hu*h] · stomach

noga
[*no*ga] · leg

kolano
[ko*la*no] · knee

dłoń
[dl*on*] · hand

palec
[*pa*lec] · finger

łokieć
[*lo*kiech] · elbow

stopa
[*sto*pa] · foot

pięta
[*pien*ta] · heel

Transport [**tra**nsport]

Transportation

samolot
[samolot] · airplane

helikopter
[helikopter] · helicopter

balon na ogrzane powietrze
[balon na ogzhane powietshe]
hot air balloon

sygnalizacja świetlna
[sygnalizacya shwietlna]
traffic light

samochód
[samochud] · car

ciężarówka
[cienzharuwka] · truck

rower
[rower] · bike

motocykl
[motocykl] · motorcycle

wóz strażacki
[wuz strazhacki] · fire truck

autobus
[autobus] · bus

karetka
[karetka] · ambulance

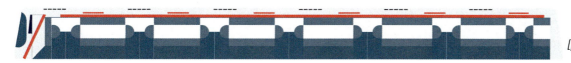

pociąg
[pociong] · train

Dźwięki zwierząt
[dzhwienki zwierzont]

KOT
MIAUCZY
"MIAU"
[kot miauchy "miau"]

Cat meows "Meow"

PIES
SZCZEKA
"HAU"
[pies shcheka "hau"]

Dog barks "Woof"

ŻABA
RECHOCZE
"KUM"
[zhaba rehoche "kum"]

Frog croaks "Ribbit"

KOGUT
PIEJE
"KUKURYKU"
[kogut pieye "kukuryku"]

Rooster crows "Cock-a-doodle-doo"

GĘŚ
TRĄBI
"GĘ"
[gensh tronbi "gę"]

Goose honks "Honk"

KACZKA
KWAKNIE
"KWA"
[kachka kwaknie "kwa"]

Duck quacks "Quack"

Animal sounds

KROWA
MUCZY
"MUUU"
[*kro*wa *mu*chy "muuu"]

Cow moos "Mooo"

KOŃ
RŻY
"IHAHA"
[kon rzhy "ihaha"]

Horse whinnies "Neigh"

ŚWINIA
PRYCHA
"KWI"
[sh*wi*nia *pry*ha "kwi"]

Pig snorts "Oink-oink"

KOZA
BECZY
"MEE"
[*ko*za *be*chy "mee"]

Goat bleats "Baa"

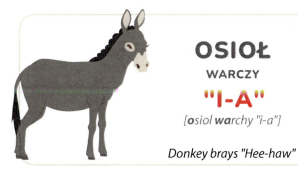

OSIOŁ
WARCZY
"I-A"
[*o*siol *wa*rchy "i-a"]

Donkey brays "Hee-haw"

PSZCZOŁA
BRZĘCZY
"BZZZ"
[psh*cho*la *brzen*czy "bzzz"]

Bee buzzes "Buzz"

Podstawowe czasowniki
[podsta**wo**we chasow**ni**ki]

chodzić
[*__ho__dzich*] · to walk

grać
[*grach*] · to play

spać
[*spach*] · to sleep

skakać
[*__ska__kach*] · to jump

siedzieć
[*__shie__dziech*] · to sit

Basic verbs

uczyć się
[*u*chych sh*ieu*] • to study

słuchać
[*slu*chach] • to listen

pić
[pich] • to drink

budować
[bu*do*wach] • to build

dawać
[*da*wach] • to give

Przeciwieństwa
[pshechi**wien**stwa]

duży
[**du**zhy] · big

mały
[**mal**y] · small

czysty
[**chy**sty] · clean

brudny
[**bru**dny] · dirty

gorący
[go**ron**cy] · hot

zimno
[**zhi**mny] · cold

dzień
[**dz**ien] · day

noc
[noc] · night

Opposites

wysoki
[*wysoki*] · tall

krótki
[*krutki*] · short

otwarty
[*otwarty*] · opened

zamknięty
[*zamknienty*] · closed

wolny
[*wolny*] · slow

szybki
[*shybki*] · fast

pełny
[*pelny*] · full

pusty
[*pusty*] · empty

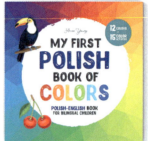

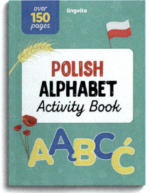
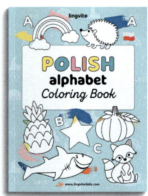

Made in the USA
Monee, IL
08 May 2025